Pe. Thiago Faccini Paro

O Caminho

Eucaristia – 4ª Etapa

Diário Catequético e Espiritual do Catequizando

"O que nós ouvimos, o que aprendemos, o que nossos pais nos contaram, não ocultaremos a nossos filhos; mas vamos contar à geração seguinte as glórias do Senhor, o seu poder e as obras grandiosas que Ele realizou." (Sl 78,3-4)

EDITORA VOZES

Petrópolis

© 2015, Editora Vozes Ltda.
Rua Frei Luís, 100
25689-900 Petrópolis, RJ
www.vozes.com.br
Brasil

1ª edição, 2015.

4ª reimpressão, 2024.

Todos os direitos reservados. Nenhuma parte desta obra poderá ser reproduzida ou transmitida por qualquer forma e/ou quaisquer meios (eletrônico ou mecânico, incluindo fotocópia e gravação) ou arquivada em qualquer sistema ou banco de dados sem permissão escrita da editora.

CONSELHO EDITORIAL

Diretor
Volney J. Berkenbrock

Editores
Aline dos Santos Carneiro
Edrian Josué Pasini
Marilac Loraine Oleniki
Welder Lancieri Marchini

Conselheiros
Elói Dionísio Piva
Francisco Morás
Gilberto Gonçalves Garcia
Ludovico Garmus
Teobaldo Heidemann

Secretário executivo
Leonardo A.R.T. dos Santos

Colaboração e agradecimentos
Iolanda Durigan, Ir. Sandra Souza, pmmi, Maria José Sales, Milton Figueiredo, Rosimeire Mendes e Sueli Moreira Pierami

PRODUÇÃO EDITORIAL

Aline L.R. de Barros
Marcelo Telles
Mirela de Oliveira
Otaviano M. Cunha
Rafael de Oliveira
Samuel Rezende
Vanessa Luz
Verônica M. Guedes

Conselho de projetos editoriais
Isabelle Theodora R.S. Martins
Luísa Ramos M. Lorenzi
Natália França
Priscilla A.F. Alves

Projeto gráfico: Ana Maria Oleniki
Diagramação: Jardim Objeto
Ilustração: Alexandre Maranhão
Capa: Ana Maria Oleniki

ISBN 978-85-326-5080-1

Este livro foi composto e impresso pela Editora Vozes Ltda.

Este *Diário Catequético e Espiritual* pertence a:

Nome

Data de Batismo

Pais e/ou responsáveis

Endereço

E-mail

Paróquia

Comunidade

Diocese

Catequista

SUMÁRIO

Apresentação, 7

I PARTE – MEUS ENCONTROS DE CATEQUESE

Meu momento de oração diária, 12

1º Encontro – Deus caminha conosco, 13

2º Encontro – Os Sacramentos como presença de Deus, 17

3º Encontro – Os Sacramentos deixados por Cristo, 21

4º Encontro – Os sete Sacramentos da Igreja, 25

5º Encontro – O Sacramento do Batismo, 29

6º Encontro – A linguagem simbólica e ritual da Igreja, 33

7º Encontro – A mistagogia da celebração do Batismo, 37

8º Encontro – A graça do Batismo, 41

9º Encontro – Incorporados à Igreja, 45

10º Encontro – O Sacramento da Confirmação, 49

11º Encontro – Mistagogia do Sacramento da Confirmação, 53

12º Encontro – O Sacramento da Eucaristia, 57

13º Encontro – A instituição da Eucaristia, 62

14º Encontro – Adoração ao Santíssimo Sacramento, 66

15º Encontro – Sacramentos da Iniciação Cristã, 69

16º Encontro – O Sacramento da Penitência e da Reconciliação, 73

17º Encontro – O Sacramento da Unção dos Enfermos, 77

18º Encontro – Ao encontro do Cristo que sofre, 81

19º Encontro – Mistagogia da Unção dos Enfermos, 84

20º Encontro – O Sacramento da Ordem, 88

21º Encontro – Os três graus do Sacramento da Ordem, 92

22º Encontro – Ao encontro do pastor da comunidade, 97

23º Encontro – O Sacramento do Matrimônio, 101

24º Encontro – Família: Igreja doméstica, 105

25º Encontro – Mistagogia do Sacramento do Matrimônio, 109

26º Encontro – Os sacramentais, 114

27º Encontro – A Eucaristia: "fonte e ápice de toda vida cristã", 118

28º Encontro – Convocados pela Trindade, 122

29º Encontro – O diálogo entre Deus e o homem, 126

30º Encontro – A dinâmica da prece eucarística, 131

31º Encontro – Um só pão, um só corpo (OFICINA DO PÃO), 136

32º Encontro – Gestos e posturas na Celebração Eucarística, 140

Celebração da Primeira Eucaristia, 144

II PARTE – MEU DOMINGO

Primeira parte – Ciclo do Natal, 152

Segunda parte – Ciclo da Páscoa, 158

Terceira parte – Tempo Comum, 168

Algumas orações cristãs, 187

APRESENTAÇÃO

Querido(a) catequizando(a), paz!

Estamos começando a última etapa de iniciação ao Sacramento da Eucaristia. Será um ano de aprofundar e vivenciar mais de perto OS SETE SACRAMENTOS da Igreja. A cada encontro você descobrirá a riqueza e a importância de cada um dos Sacramentos na vida do cristão.

Por isso mais uma vez, você esta recebendo um novo Diário, que o auxiliará a meditar e a guardar toda a riqueza escondida nos Sacramentos e nos seus ritos. Registre com carinho cada momento, e valorize está oportunidade de se aproximar e de conhecer Jesus e sua Igreja.

Pe. Thiago Ap. Faccini Paro

O que é o *Diário Catequético e Espiritual*?

O *Diário* é um complemento da catequese, onde você poderá recordar o que foi refletido nos encontros de catequese e escrever diariamente sua oração, pedidos e agradecimentos a Deus, bem como registrar a sua participação na Santa Missa, meditando o que foi celebrado.

O *Diário* está dividido em duas partes:

I PARTE – MEUS ENCONTROS DE CATEQUESE

Na primeira parte você encontrará orientação para o seu momento de oração diária e os temas dos encontros vivenciados na catequese, algumas atividades para relembrá-los, além de espaço para escrever seus pedidos de oração, agradecimentos e louvores. Todos os dias você poderá registrar como foi o seu momento de oração.

II PARTE – MEU DOMINGO

Na segunda parte do *Diário* você encontrará um espaço para acompanhar as celebrações do Ano Litúrgico e registrar sua participação. Lembramos que a Santa Missa é o ponto alto da nossa fé.

Como usar o *Diário Catequético e Espiritual*

➤ Uma vez por semana medite sobre o seu encontro de catequese e realize as atividades propostas para cada tema. No final, lembre-se das pessoas que você ama e das que pediram e necessitam de oração, escreva o nome de cada uma delas no local indicado no final das atividades e reze por elas no decorrer da semana, durante seu momento de oração pessoal.

➤ Também uma vez por semana, na segunda parte deste livro, depois de ter participado da Santa Missa, escreva o que mais chamou sua atenção na celebração e na Palavra de Deus que foi proclamada.

O que teremos este ano na catequese?

A nossa catequese está recheada de atividades, e sua participação é muito importante. Para isso, é preciso que você esteja atento a todas as datas dos encontros, celebrações e reuniões, convidando de modo especial seus pais ou responsáveis para deles participarem.

➤ Registre ou cole aqui o programa de atividades da catequese que seu catequista irá lhe entregar e lembre-se de consultá-lo sempre junto com sua família.

I PARTE

Meus encontros de catequese

Meu momento de oração diária

Todos os dias faça o seu momento de oração pessoal. Escolha um lugar calmo, tranquilo e ali se coloque em profundo silêncio. Peça que Deus envie seu Espírito para iluminar você. Poderá rezar a oração do Espírito Santo.

> *Vinde, Espírito Santo,*
> *enchei os corações dos vossos fiéis*
> *e acendei neles o fogo do vosso amor.*
> *Enviai o vosso Espírito, e tudo será criado,*
> *e renovareis a face da terra.*
>
> *Oremos:*
> *Ó Deus,*
> *que instruístes os corações dos vossos fiéis*
> *com a luz do Espírito Santo,*
> *fazei que apreciemos retamente todas as coisas*
> *segundo este mesmo Espírito*
> *e gozemos sempre da sua consolação.*
> *Por Cristo, Senhor nosso. Amém.*

Depois pare, respire fundo e escute a Deus que fala a você no silêncio.

Depois de escutar, faça a sua oração... pedindo... agradecendo...

Este momento, em que você dedica a Deus um pequeno tempo do seu dia, o ajudará a compreender, desde cedo, o tamanho do AMOR de Deus por você e o ajudará a encontrar o sentido da vida.

1º Encontro

Deus caminha conosco

O mundo pode ser comparado à comida sem sabor. Essa falta de sabor pode ser reconhecida no mundo pela violência, guerra, fome, corrupção, falta de amor e de perdão. No entanto, nós enquanto cristãos somos chamados a dar sabor a este mundo, com o nosso testemunho de respeito, paz, generosidade, honestidade, perdoando a aqueles que nos magoam. Porém, só conseguiremos ser sal para o mundo, na medida certa, se colocarmos em primeiro lugar sal em nossa vida. Este sal, este sabor que colocamos na nossa vida, chama-se ORAÇÃO. Através da oração sentimos a presença de Deus a caminhar ao nosso lado e nos fortalecermos para agir como verdadeiros cristãos.

Leia e medite a passagem do Evangelho de Lc 14,34-35 e depois escreva um compromisso de ser "sal" a todos que estão a sua volta.

✦ É hora de pensar e registrar o meu encontro

✱ Descreva como foi o primeiro encontro de catequese nessa nova etapa e o que mais gostou.

✱ Como cristão(a) o que você pode fazer para ser "sal" e dar sabor ao mundo a sua volta?

✱ Como anda sua vida de oração? Como tem se organizado para rezar?

* Deus caminha sempre ao nosso lado. Como pode ter essa certeza e sentir sua presença?

✸ Seus pedidos e intenções de oração da semana

➤ Escreva os nomes das pessoas por quem você quer rezar.

➤ Anote situações e motivos que necessitam da sua oração.

ESPAÇO COMPLEMENTAR

2º Encontro

Os Sacramentos como presença de Deus

Ao olharmos e participarmos da Igreja, e de modo especial ao celebrarmos os Sacramentos, Jesus se faz presente no meio de nós. Os Sacramentos são uma maneira concreta de Deus estar com seu povo.

Leia e medite a passagem do Evangelho de Mt 28,16-20 e depois observe a ilustração e escreva no balãozinho o que Jesus disse aos discípulos no último versículo do texto.

✴ **É hora de pensar e registrar o meu encontro**

✴ Qual a promessa que Jesus faz aos discípulos e a todos nós quando volta para junto do Pai?

_____
_____
_____
_____
_____
_____

✴ Como Jesus se faz presente em nosso meio?

✴ Quais são os sete Sacramentos da Igreja? Pesquise e anote.

_____
_____
_____
_____

✱ Seus pedidos e intenções de oração da semana

➤ Escreva os nomes das pessoas por quem você quer rezar.

➤ Escreva as situações e motivos pelos quais você quer apresentar a Deus seu louvor e súplica.

- Louvor
- Súplica

ESPAÇO COMPLEMENTAR

3º Encontro

Os Sacramentos deixados por Cristo

Os Sacramentos são a maneira por excelência no qual podemos tocar a Deus e nos deixar ser tocados por Ele. Nos Sacramentos o Espírito Santo age em nós e nos fortalece em nossa busca de construir o Reino.

Leia e medite a passagem bíblica de At 2,37-39 e depois escreva uma oração pedindo o dom da conversão e o Espírito Santo para todos os seus familiares.

21

✱ **É hora de pensar e registrar o meu encontro**

✱ Por que Jesus instituiu os sete Sacramentos?

_____
_____
_____

✱ Quem age em nós através dos Sacramentos?

_____

✱ Na celebração dos Sacramentos, é de suma importância os cinco sentidos do nosso corpo. Explique porquê e quais são as relações de cada sentido com cada um dos Sacramentos.

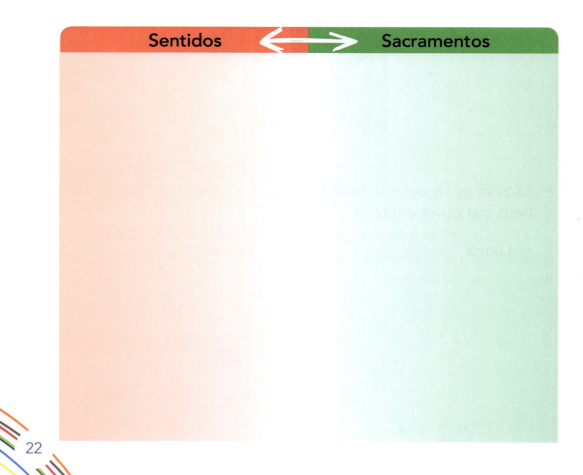

Sentidos	Sacramentos

✶ E por que é tão importante os sentidos na celebração dos Sacramentos?

✦ Seus pedidos e intenções de oração da semana

➤ Escreva os nomes das pessoas por quem você quer rezar.

➤ Escreva as situações e motivos pelos quais você quer apresentar a Deus seu louvor e súplica.

- Louvor
- Súplica

ESPAÇO COMPLEMENTAR

4º Encontro

Os sete Sacramentos da Igreja

Assim como o doente necessita do médico, toda a humanidade precisa de Deus. E quando reconhecemos essa necessidade e recorremos a Deus, Ele vem ao nosso encontro e nos cura, nos salva, nos fortalece e nos convida a segui-lo, anunciando a sua Palavra. De modo especial, ao longo da nossa vida, Jesus nos assiste com os Sacramentos que por Ele foram instituídos e confiados à Igreja.

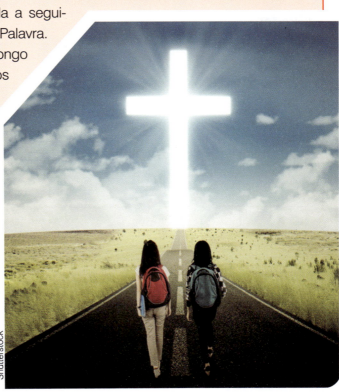
Shutterstock

Leia e medite a passagem bíblica de 1Tm 1,12-17 e depois escreva o versículo bíblico que mais gostou.

✦ **É hora de pensar e registrar o meu encontro**

✱ A quem Jesus confia os Sacramentos e por quê?

_____
_____
_____

✱ Os Sacramentos podem ser divididos em três grupos. Como estão divididos?

Grupo 1: Sacramentos de _____

Correspondem aos chamados: _____
_____

Por que são assim chamados? _____
_____
_____
_____
_____

Grupo 2: Sacramentos de _____
_____

Correspondem aos chamados: _____
_____

Por que são assim chamados? _____
_____
_____
_____
_____

Grupo 3: Sacramentos de _____

_____

Correspondem aos chamados: _____

_____

Por que são assim chamados? _____

_____

_____

_____

_____

★ Faça uma pesquisa com as pessoas que moram com você e descubra quais Sacramentos elas já receberam. Escreva o nome de cada uma e na frente os Sacramentos que já recebeu.

★ Seus pedidos e intenções de oração da semana

➤ Escreva os nomes das pessoas por quem você quer rezar.

➤ Anote situações e motivos que necessitam da sua oração.

ESPAÇO COMPLEMENTAR

5º Encontro

O Sacramento do Batismo

Quando o Evangelho é anunciado e as pessoas o ouvem acolhendo sua mensagem, desperta-se o desejo de transformação de vida e a necessidade de dar passos concretos para a mudança acontecer. Uma delas é aceitar publicamente Jesus Cristo e caminhar com Ele e com a comunidade. Este passo concreto é dado por meio do Sacramento do Batismo, a partir do qual passamos a fazer parte da família de cristãos, que escuta e segue Jesus testemunhando seus ensinamentos. Com o Batismo, somos adotados por Deus como seus filhos.

Leia e medite a passagem bíblica de At 8,26-39 e depois escreva o versículo bíblico que retrata o desenho.

✦ É hora de pensar e registrar o meu encontro

✱ O que é o Sacramento do Batismo?

_____
_____
_____
_____
_____

✱ Como me sinto sabendo que sou filho adotivo de Deus?

✱ O que o Batismo faz em nós? O que nos tornamos?

_____
_____
_____
_____
_____
_____

✱ **Seus pedidos e intenções de oração da semana**

➤ Escreva os nomes das pessoas por quem você quer rezar.

➤ Escreva as situações e motivos pelos quais você quer apresentar a Deus seu louvor e súplica.

- Louvor
- Súplica

ESPAÇO COMPLEMENTAR

6º Encontro
A linguagem simbólica e ritual da Igreja

Todas as celebrações dos Sacramentos são realizadas através de ritos e símbolos. Os ritos e símbolos comunicam algo que vai além do que vemos, além do gesto e do objeto. Remete a mente e o coração a outra dimensão, a outra interpretação a outro significado. Não é um simples partir o pão, não é apenas aspergir a água... Vai além: Um só corpo, que é entregue a muitos, a água aspergida que nos remete ao banho do Batismo, lavados e purificados pelo sangue do cordeiro... O símbolo não é um ornamento ou decoração. Cada símbolo diz algo à comunidade dentro do seu contexto cultural e social, que a ajuda a compreender os mistérios de amor e salvação que o Senhor nos oferece.

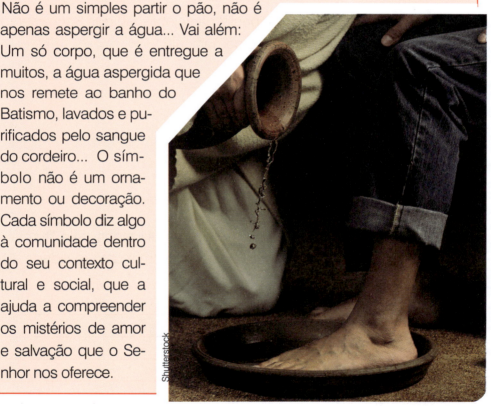

Leia e medite a passagem do Evangelho de Jo 13,4-17 e depois escreva uma mensagem falando do amor de Deus por nós.

É hora de pensar e registrar o meu encontro

* Qual o significado de Jesus ter lavado os pés dos discípulos?

_____
_____
_____
_____
_____

* Por que a liturgia, de modo especial na celebração dos Sacramentos, usa de ritos e símbolos para se comunicar?

* Descreva alguns sinais, símbolos e gestos utilizados pela liturgia na celebração dos Sacramentos que nos remetem a uma realidade além da que vemos.

_____
_____
_____
_____
_____
_____
_____
_____

★ **Seus pedidos e intenções de oração da semana**

➤ Escreva os nomes das pessoas por quem você quer rezar.

➤ Anote situações e motivos que necessitam da sua oração.

ESPAÇO COMPLEMENTAR

7º Encontro

A mistagogia da celebração do Batismo

O Batismo cristão não somente nos leva à conversão e ao seguimento de Cristo. Este Batismo faz com que nos tornemos participantes da divindade de Jesus e também filhos de Deus por adoção. O Batismo nos faz membros de Cristo, membros do seu corpo que é a Igreja. Somos pelo Batismo participantes da missão da Igreja, sal da terra e luz do mundo.

Os ritos e símbolos utilizados na celebração batismal nos comunicam qual o sentido do Batismo cristão, indicando como deve ser a nossa caminhada de fé.

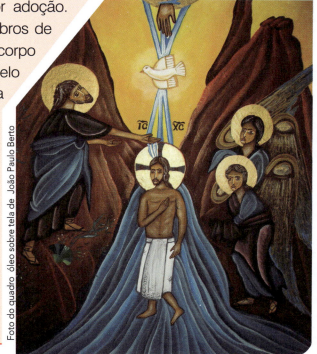

Foto do quadro óleo sobre tela de João Paulo Berto

Leia e medite a passagem do Evangelho de Mc 1,9-11 e depois escreva uma oração pedindo a Deus coragem para testemunhar o Batismo recebido, ou que irá receber.

✸ **É hora de pensar e registrar o meu encontro**

✱ Quais são os principais gestos e símbolos utilizados na celebração do Sacramento do Batismo e o que significa cada um?

Gestos / Símbolos	Significados

✶ Quais são as quatro partes que compõem a celebração do Sacramento do Batismo?

_____
_____
_____
_____

❖ **Seus pedidos e intenções de oração da semana**

➤ Escreva os nomes das pessoas por quem você quer rezar.

➤ Escreva as situações e motivos pelos quais você quer apresentar a Deus seu louvor e súplica.

- Louvor
- Súplica

ESPAÇO COMPLEMENTAR

8º Encontro

A graça do Batismo

Pelo Batismo, todos os pecados são perdoados. O cristão recebe em sua vida a graça de ser purificado dos pecados e a vida nova no Espírito Santo. Pelo Batismo, nos tornamos filhos de Deus e recebemos Dele como herança a vida eterna, somos destinados a uma vida na alegria dos santos.

Leia e medite a passagem do texto bíblico de Tt 3,3-7 e depois escreva uma mensagem para ser partilhada com seus colegas e familiares.

✦ **É hora de pensar e registrar o meu encontro**

✶ O que acontece com o fiel quando ele é batizado?

✶ Qual a missão de todo batizado?

✶ Se você já é batizado, qual a data em que ele aconteceu? Se ainda não foi, qual a data em que foi agendado o seu Batismo?

✦ Seus pedidos e intenções de oração da semana

➤ Escreva os nomes das pessoas por quem você quer rezar.

➤ Anote situações e motivos que necessitam da sua oração.

ESPAÇO COMPLEMENTAR

9º Encontro

Incorporados à Igreja

Com o Batismo, dizemos sim ao projeto de Salvação que Deus tem por nós, nos tornamos filhos adotivos e somos incorporados a Sua Igreja. A Igreja é essa reunião de todos os batizados, que recebem o mesmo sobrenome, formando uma única família com uma grande diversidade de dons.

Leia e medite a passagem do texto bíblico de Ex 3,1-6 e depois escreva o versículo bíblico que retrata o desenho.

✦ **É hora de pensar e registrar o meu encontro**

✶ Por que São Paulo, ao escrever à comunidade de Corinto compara a Igreja a um corpo?

_____
_____
_____
_____
_____
_____

✶ Por que quando somos batizados o padre diz apenas o nosso primeiro nome?

✶ Enquanto cristãos e cristãs, já achamos o nosso lugar na Igreja? Qual a nossa missão, o que podemos fazer para que a Igreja cresça e o Evangelho seja anunciado?

_____
_____
_____
_____
_____
_____

✦ **Seus pedidos e intenções de oração da semana**

➤ Escreva os nomes das pessoas por quem você quer rezar.

➤ Anote situações e motivos que necessitam da sua oração.

ESPAÇO COMPLEMENTAR

10º Encontro
O Sacramento da Confirmação

O Espírito Santo já havia sido anunciado pelos profetas no Antigo Testamento, e dito que ele repousaria sobre o Messias. Com o Batismo de Jesus, esta profecia se cumpre quando o Espírito desce em forma de pomba sobre Ele. Cristo, por sua vez, promete enviar a todos os que o seguem esta efusão do Espírito que se torna realidade para os apóstolos no dia de Pentecostes.

Repletos do Espírito Santo, os apóstolos começam a proclamar a Boa Nova de Jesus Cristo, a anunciar o seu Evangelho. Todos os que creram e foram batizados receberam também o mesmo Espírito. Com a Confirmação, muitos que foram batizados ainda pequenos, sem entender seu significado, têm a oportunidade e a maturidade de livremente escolherem seguir Jesus Cristo e sua Igreja, assumindo sua missão e responsabilidade pelo anúncio do Reino.

Leia e medite a passagem do Evangelho de Lc 4,16-22a e depois escreva uma palavra ou frase que expresse uma atitude importante para ser vivida no seu dia a dia.

★ **É hora de pensar e registrar o meu encontro**

✶ Quem é mesmo o Espírito Santo?

_____
_____
_____
_____
_____

✶ O que é o Sacramento da Confirmação?

✶ Por que quem foi batizado ainda pequeno, recebe o Sacramento da Confirmação só depois que cresce?

_____
_____
_____
_____
_____

✦ Seus pedidos e intenções de oração da semana

➤ Escreva os nomes das pessoas por quem você quer rezar.

➤ Anote situações e motivos que necessitam da sua oração.

ESPAÇO COMPLEMENTAR

11º Encontro

Mistagogia do Sacramento da Confirmação

Com o rito da imposição das mãos e a unção com o óleo do Crisma, se recebe o dom do Espírito Santo, pelo qual se obtém força para testemunhar o amor e o poder de Deus com atos e palavras. O Sacramento da Confirmação complementa o Batismo, do qual não pode ser visto separadamente.

Leia e medite a passagem bíblica de At 8,14-17 e depois escreva uma oração pedindo a força do Espírito Santo.

✦ **É hora de pensar e registrar o meu encontro**

✳ Quais são os principais gestos e símbolos utilizados na celebração do Sacramento da Crisma e o que significa cada um.

✳ O que o bispo diz quando traça o sinal da cruz da fronte do crismando com o óleo do Santo Crisma?

✦ **Seus pedidos e intenções de oração da semana**

➤ Escreva os nomes das pessoas por quem você quer rezar.

➤ Escreva as situações e motivos pelos quais você quer apresentar a Deus seu louvor e súplica.

- Louvor
- Súplica

ESPAÇO COMPLEMENTAR

12º Encontro

O Sacramento da Eucaristia

Quando olhamos a cruz e enxergamos Jesus Crucificado, entendemos que Ele é o cumprimento do projeto começado por Deus em Abraão para salvar toda a humanidade. Para RESGATAR a humanidade da morte do pecado, Deus sacrifica seu filho em nosso lugar. Cristo se torna o cordeiro que tira o pecado do mundo. Assim como fez com Isaac, resgatando-o da morte e providenciando um cordeiro para assumir o seu lugar, Deus providencia o próprio filho para nos salvar, nos resgatar da morte do pecado.

Celebrar a Eucaristia é celebrar a encarnação, morte e ressurreição de Jesus. É fazer memória de todo projeto que Deus tem para salvar o homem. Em Jesus, Deus se manifesta plenamente ao homem, como um Deus misericordioso, que sacrifica o próprio filho por amor a nós.

Leia e medite a passagem do texto bíblico de Gn 22,1-19. Escreva os versículos bíblicos que retratam o desenho.

✶ É hora de pensar e registrar o meu encontro

✴ Por que Deus escolhe Abraão? E por que Deus intervém e resgata Isaac da morte?

✴ Por que na Santa Missa o padre diz: "Eis o cordeiro de Deus que tira o pecado do mundo" (Jo 1,29). Por que Jesus é chamado de cordeiro?

✳ Ao participar todas as semanas da Santa Missa, o que mais te chama atenção durante a celebração? Responda com um desenho.

✱ **Seus pedidos e intenções de oração da semana**

➤ Escreva os nomes das pessoas por quem você quer rezar.

➤ Anote situações e motivos que necessitam da sua oração.

ESPAÇO COMPLEMENTAR

13º Encontro

A instituição da Eucaristia

Jesus, sabendo que estava chegando a sua hora de voltar para junto do Pai, de cumprir a sua missão, reúne os discípulos ao redor da mesa e ali institui a Eucaristia como memória de sua morte e de sua ressurreição.

Assim, a refeição, a ceia, que a princípio era a celebração da Páscoa judaica, onde o povo judeu celebrava a libertação da escravidão do Egito, a passagem a pé enxuto do Mar Vermelho da terra da escravidão para a terra prometida, recebeu um novo significado, um novo sentido após a ceia de Jesus com os discípulos: Cristo que passa da morte para a vida, e liberta toda a humanidade da escravidão do pecado. Cristo quebra as portas da morte!

Leia e medite a passagem do Evangelho de Lc 22,7-20 e faça um desenho retratando como Jesus cumpre plenamente a vontade de Deus. E depois escreva um versículo do Evangelho que resuma o que você desenhou.

✱ **É hora de pensar e registrar o meu encontro**

✶ O que é celebrar a Eucaristia?

___

✶ O que Jesus mandou que fizéssemos ao instituir a Eucaristia?

___

✶ O padre diz na missa "Eis o mistério da fé". Que mistério é esse, a que se refere?

___

✦ Seus pedidos e intenções de oração da semana

➤ Recordar e escrever os nomes de familiares e amigos que já partiram e estão junto de Deus. Depois, fazer um momento de oração rezando por cada um deles.

_____
_____
_____
_____

➤ Escreva os nomes das pessoas por quem você quer rezar.

➤ Escreva as situações e motivos pelos quais você quer apresentar a Deus seu louvor e súplica.

- Louvor
- Súplica

ESPAÇO COMPLEMENTAR

14º Encontro

Adoração ao Santíssimo Sacramento

    Você teve a oportunidade de colocar-se em oração e adoração diante de Jesus Sacramentado. Escreva um pouco como foi este momento para você, quais os pedidos e agradecimentos que você fez, o que mais gostou e o que te tocou nesse momento de adoração. Mãos à obra, pois o autor deste encontro é você!

✦ **Seus pedidos e intenções de oração da semana**

➤ Escreva os nomes das pessoas por quem você quer rezar.

➤ Anote situações e motivos que necessitam da sua oração.

ESPAÇO COMPLEMENTAR

15º Encontro

Sacramentos da Iniciação Cristã

Com os Sacramentos da Iniciação Cristã, fazemos uma caminhada de conhecimento, aprofundamento e amadurecimento da fé. Eles são os alicerces, os fundamentos de nossa vida cristã que nos ajudam a permanecermos firmes e dar testemunho de nossa fé.

Leia e medite a passagem do Evangelho de Mt 7,24-27 e depois escreva uma pequena mensagem para ser partilhada com os amigos e familiares. E observando o desenho, escreva nas colunas que formam o alicerce da casa, o nome dos três Sacramentos da Iniciação Cristã, um nome em cada coluna.

✸ **É hora de pensar e registrar o meu encontro**

✶ Por que os três primeiros Sacramentos da Igreja são chamados de Sacramentos de Iniciação Cristã?

_____
_____
_____
_____

✶ Além dos Sacramentos, o que é preciso fazer para mantermos firmes a nossa fé, para que nenhum vento a abale?

_____
_____
_____
_____

✶ Escreva alguns cartões com mensagens e orações e distribua às pessoas que estão passando por alguma dificuldade ou tribulação. Deixe registrado aqui algumas das mensagens que você escrever.

✦ **Seus pedidos e intenções de oração da semana**

➤ Escreva os nomes das pessoas por quem você quer rezar.

➤ Escreva as situações e motivos pelos quais você quer apresentar a Deus seu louvor e súplica.

- Louvor
- Súplica

ESPAÇO COMPLEMENTAR

16º Encontro

O Sacramento da Penitência e da Reconciliação

Deus, por amor, sempre olha com misericórdia para o homem, e sempre está aberto a dar-lhe uma nova oportunidade. Deus, para salvar o homem do pecado, entregou seu próprio filho, Jesus, para morrer numa cruz. Deus, por Jesus Cristo, nos reconciliou consigo e nos chama constantemente ao arrependimento. O Sacramento da Penitência, deixado por Jesus à Igreja, é uma maneira que cada cristão tem de se reconciliar com Deus, com o mundo e consigo mesmo.

Leia e medite o texto bíblico de 2Cor 5,18-21 e depois escreva o versículo bíblico que retrata a imagem.

73

É hora de pensar e registrar o meu encontro

✶ O que é mesmo o Sacramento da Penitência ou da Reconciliação? Para que serve?

_____
_____
_____
_____
_____

✶ Quais as três atitudes que o penitente deve ter ao se confessar?

✶ Quais os dois atos da Igreja perante o penitente?

_____
_____

✶ Aos três atos do penitente foram acrescidos, ao longo da tradição da Igreja, outras duas práticas: o exame de consciência e o ato de contrição. Faça, portanto, um momento de exame de consciência e escreva em poucas palavras um ato de contrição.

_____
_____
_____
_____
_____
_____
_____
_____

✸ **Seus pedidos e intenções de oração da semana**

➤ Escreva os nomes das pessoas por quem você quer rezar.

➤ Anote situações e motivos que necessitam da sua oração.

ESPAÇO COMPLEMENTAR

17º Encontro

O Sacramento da Unção dos Enfermos

A doença e o sofrimento sempre marcaram a caminhada da humanidade. Na enfermidade o homem experimenta sua impotência, suas misérias e limites. Cristo em toda a sua caminhada teve um olhar especial pelos doentes. Suas numerosas curas são sinal de que Deus não abandona seu povo. Jesus não só tem o poder de curar, mas também de perdoar os pecados. Jesus, na sua infinita misericórdia, veio curar o homem inteiro: alma e corpo.

Shutterstock

Diante da dor e do sofrimento pela enfermidade, Jesus deixa à Igreja a missão de "curar os doentes" (Mt 10,8). A Igreja esforça-se em cumprir essa missão e tem no rito do Sacramento da Unção dos Enfermos a certeza de confortar aqueles que são provados pela enfermidade.

Leia e medite a passagem do texto bíblico de Tg 5,13-16 e depois escreva o versículo bíblico que retrata a imagem.

✦ É hora de pensar e registrar o meu encontro

✳ O que é o Sacramento da Unção dos Enfermos?

_____
_____
_____
_____

✳ Por que Jesus deu uma atenção especial aos doentes e enfermos?

✳ Quais são as três coisas que formam este Sacramento?

_____
_____
_____

✳ Elabore uma explicação sobre o que aprendeu para sua vida com este encontro.

✱ Seus pedidos e intenções de oração da semana

➤ Escreva os nomes das pessoas por quem você quer rezar.

➤ Escreva as situações e motivos pelos quais você quer apresentar a Deus seu louvor e súplica.

- Louvor
- Súplica

ESPAÇO COMPLEMENTAR

18º Encontro

Ao encontro do Cristo que sofre

O Sacramento da Unção dos Enfermos tem por finalidade conferir uma graça especial ao cristão que está passando pelas dificuldades da doença ou da velhice. Todos nós cristãos temos por missão cuidar e zelar por estas pessoas com nossa oração, visita e apoio nas diversas necessidades.

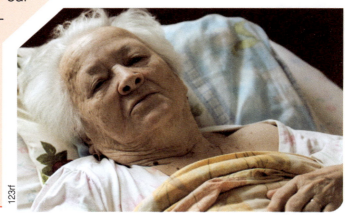

Você teve a oportunidade de ir visitar um enfermo e no seu rosto enxergar o próprio Cristo que sofre, de lhe dar um pouco de atenção e carinho, rezando pela sua melhora. Descreva como foi fazer esta experiência, o nome da pessoa que foi visitada, quais os sentimentos que teve, bem como o compromisso de rezar por essa pessoa durante toda a semana.

✱ **Seus pedidos e intenções de oração da semana**

➤ Escreva os nomes das pessoas por quem você quer rezar.

➤ Anote situações e motivos que necessitam da sua oração.

ESPAÇO COMPLEMENTAR

19º Encontro

Mistagogia da Unção dos Enfermos

Com a imposição das mãos, a oração e a unção com o óleo dos enfermos, os ministros (padres e bispos) agem como testemunhas de Jesus Cristo, invocando a força da bênção divina sobre os doentes.

Leia e medite a passagem do Evangelho de Mt 25,31-40 e depois escreva uma oração rezando por todos os doentes.

✦ É hora de pensar e registrar o meu encontro

✱ Quais são os principais gestos e símbolos utilizados na celebração do Sacramento da Unção dos Enfermos e o que significa cada um?

✱ Quais são as quatro partes que compõem a celebração do Sacramento da Unção dos Enfermos?

✱ Cole ou escreva o nome da pessoa enferma ou idosa por quem você vai rezar durante toda esta semana:

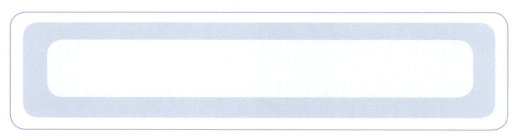

✱ Seus pedidos e intenções de oração da semana

➤ Escreva os nomes das pessoas por quem você quer rezar.

➤ Escreva as situações e motivos pelos quais você quer apresentar a Deus seu louvor e súplica.

- Louvor
- Súplica

ESPAÇO COMPLEMENTAR

20º Encontro

O Sacramento da Ordem

Jesus, o verdadeiro e único sacerdote e pastor do rebanho, ao voltar para junto do Pai, encarrega a Igreja de continuar sua missão e presença aqui na terra. Dentre todos os batizados, Deus chama algumas pessoas para se dedicar exclusivamente ao serviço do Reino de Deus, junto a seu povo, através do Sacramento da Ordem. São homens tirados do meio do povo, e que após um período de formação, voltam para as comunidades e se tornam pastores, conduzindo o fiéis até Deus.

Leia e medite a passagem do texto bíblico de Jr 1,4-9 e depois escreva uma palavra ou frase que mais te tocou.

★ É hora de pensar e registrar o meu encontro

★ O que é o Sacramento da Ordem?
_____
_____
_____

★ Quais são os três graus do Sacramento da Ordem?

    1º. Grau: _____
    2º. Grau: _____
    3º. Grau: _____

★ Como é conferido o Sacramento da Ordem?
_____
_____
_____

★ Faça um desenho que retrate o que você considera mais importante sobre este sacramento.

✶ Seus pedidos e intenções de oração da semana

➤ Escreva os nomes das pessoas por quem você quer rezar.

➤ Anote situações e motivos que necessitam da sua oração.

ESPAÇO COMPLEMENTAR

21º Encontro

Os três graus do Sacramento da Ordem

Todos os que são chamados ao Sacramento da Ordem, o fazem por se colocarem a serviço da Igreja, ou seja dos fiéis. O Sacramento da Ordem é um Sacramento de SERVIÇO e está dividido em três graus: diaconado, presbiterado e episcopado.

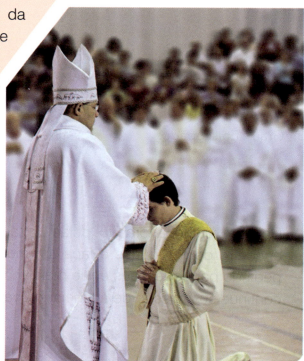

Leia e medite a passagem do texto bíblico de Hb 5,1-5 e depois escreva uma mensagem para compartilhar com seus colegas e familiares sobre as vocações.

✸ **É hora de pensar e registrar o meu encontro**

✶ Qual a Missão que compete a cada um dos três graus do Sacramento da Ordem?

1º. Grau - Diaconado:
_____
_____
_____

2º. Grau - Presbiterado:
_____
_____
_____

3º. Grau - Episcopado:
_____
_____
_____

✶ Cole ou copie a oração pelas vocações que você recebeu no encontro de catequese e faça um momento de oração rezando e pedindo para que Deus envie mais vocacionados para que a Igreja continue sua missão de anunciar o Evangelho e cuidar do rebanho.

✶ Confeccione cartões com mensagens de incentivo vocacional e distribua aos amigos e familiares, colocando em suas carteiras na escola, na mesa antes das refeições, e onde mais sua criatividade o levar. Registre aqui as mensagens.

★ **Seus pedidos e intenções de oração da semana**

➤ Escreva os nomes das pessoas por quem você quer rezar.

➤ Escreva as situações e motivos pelos quais você quer apresentar a Deus seu louvor e súplica.

- Louvor
- Súplica

ESPAÇO COMPLEMENTAR

22º Encontro

Ao encontro do pastor da comunidade

    No encontro desta semana você teve a oportunidade de conhecer um pouco mais o padre de sua comunidade: de onde ele veio, como ele descobriu a sua vocação, como foram os anos de formação, até chegar ao serviço de cuidar de sua paróquia.

- Descreva ao lado da imagem como foi fazer essa visita, qual o nome do padre e dos seus auxiliares (vigários paroquiais, se houver) e o que mais gostou de sua história de vida.

✸ É hora de pensar e registrar o meu encontro

✱ Observando suas anotações, que tal fazer um compromisso de constantemente rezar pelos padres e por todas as vocações? Escreva qual será.

✱ Reze a oração pedindo para que haja mais vocações. Depois ilustre-a usando sua criatividade.

ORAÇÃO PELAS VOCAÇÕES

Jesus, divino Pastor da Santa Igreja,
ouvi nossa prece sacerdotal.

Concedei para muitos meninos e jovens,
de coração inocente e generoso,
a graça do sacerdócio e a
perseverança em sua vocação.

Fazei-nos compreender a grande honra
e felicidade de termos um padre em nossa família.

Dai-nos a todos sinceros desejos de auxiliar
as vocações sacerdotais e religiosas.

Infundi nos formadores do nosso clero,
os dons de piedade e ciência para o
reto desempenho de sua missão
de tanta responsabilidade.

Por intercessão da Virgem Santíssima,
santificai e protegei sempre os nossos padres,
para que se dediquem com amor e zelo
à glória de Deus e à salvação dos homens.

Amém.

✦ Seus pedidos e intenções de oração da semana

➤ Escreva os nomes das pessoas por quem você quer rezar.

➤ Anote situações e motivos que necessitam da sua oração.

ESPAÇO COMPLEMENTAR

23º Encontro

O Sacramento do Matrimônio

O próprio Deus é autor do matrimônio e convida homem e mulher a se unirem e juntos formar família, colaborando na ordem da criação, gerando filhos e filhas.

No matrimônio, o homem e a mulher, incompletos, se juntam e formam um só corpo. A felicidade do casal consiste em um doar-se por amor ao outro.

Leia e medite a passagem do Evangelho de Mt 19,3-6 e depois escreva uma mensagem para compartilhar com seus colegas e familiares.

✦ É hora de pensar e registrar o meu encontro

✶ O que é o Sacramento do Matrimônio?

✶ Por que o Matrimônio é considerado um Sacramento de serviço?

✶ No Sacramento do Matrimônio, quais são as colunas que sustentam a vida a dois e por quê?

✵ **Seus pedidos e intenções de oração da semana**

➤ Escreva os nomes das pessoas por quem você quer rezar.

➤ Anote situações e motivos que necessitam da sua oração.

ESPAÇO COMPLEMENTAR

24º Encontro

Família: Igreja doméstica

Todas as famílias cristãs devem ser verdadeiras testemunhas da fé que professaram ao abraçar o matrimônio, tendo e educando os filhos e filhas a uma vida de oração, diálogo e amor. Assim, a família se torna uma Igreja doméstica em que o relacionamento entre seus membros é alicerçado nos ensinamentos do Evangelho de Jesus Cristo.

Leia e medite a passagem bíblica de Mt 7,24-27 e depois faça um desenho que ilustre a mensagem deste Evangelho.

✸ É hora de pensar e registrar o meu encontro

✷ O que é preciso para que o matrimônio e a família sejam edificados e tenham como alicerce e fundamentos Jesus Cristo?

_____
_____
_____
_____
_____
_____
_____

✷ Por que a família é chamada de "Igreja doméstica"?

✷ O que você tem feito para testemunhar e viver a fé dentro de sua casa, junto de sua família?

_____
_____
_____
_____
_____
_____
_____

✦ Seus pedidos e intenções de oração da semana

➤ Escreva os nomes das pessoas por quem você quer rezar.

➤ Escreva as situações e motivos pelos quais você quer apresentar a Deus seu louvor e súplica.

- Louvor
- Súplica

ESPAÇO COMPLEMENTAR

25º Encontro

Mistagogia do Sacramento do Matrimônio

Com a celebração do matrimonial, homens e mulheres, conscientes, tomam a livre decisão de se unirem para uma vida toda. O matrimônio, não é um contrato jurídico que pode ser rasgado ou desfeito simplesmente, é um pacto de alianças abençoado por Deus.

Leia e medite a passagem do Evangelho de Jo 15,9-12 e depois escreva o versículo bíblico que retrata a imagem.

✹ É hora de pensar e registrar o meu encontro

✶ Quem são os ministros do Sacramento do Matrimônio?

_____

_____

✶ Para o casamento ser válido, quais as três coisas que o casal precisa assumir?

✶ Qual a importância do matrimônio para a Igreja e para a sociedade?

- Para a Igreja

- Para a sociedade

* Confeccione cartões com mensagens falando da importância da família e distribua aos amigos e familiares. Registre aqui as mensagens.

✲ **Seus pedidos e intenções de oração da semana**

➤ Escreva os nomes das pessoas por quem você quer rezar.

➤ Anote situações e motivos que necessitam da sua oração.

ESPAÇO COMPLEMENTAR

26º Encontro

Os sacramentais

Em Cristo todos os cristãos são abençoados por Deus e são convocados a ser benção para os outros, dando graças, louvando e agradecendo a Deus por todas e qualquer situação, seja pelos momentos felizes, como também pelos momentos de tristeza, dor e perda.

Os sacramentais, instituídos pela Igreja, têm por objetivo ajudar o homem a consagrar toda a vida a Deus, bem como todo seu ambiente em que vive.

Leia e medite a passagem bíblica de 1Ts 5,16-18 e escolha uma palavra ou frase que expresse uma atitude importante a ser vivida no seu dia a dia.

* É hora de pensar e registrar o meu encontro

★ O que são os sacramentais? O que os difere dos Sacramentos?

_____
_____
_____
_____
_____
_____
_____
_____

★ Cite algumas situações e coisas que podem ser abençoadas.

★ O que significa e qual a importância das celebrações dos sacramentais para todos nós, cristãos?

_____
_____
_____
_____
_____
_____
_____
_____

✦ Seus pedidos e intenções de oração da semana

➤ Escreva os nomes das pessoas por quem você quer rezar.

➤ Escreva as situações e motivos pelos quais você quer apresentar a Deus seu louvor e súplica.

- Louvor
- Súplica

ESPAÇO COMPLEMENTAR

27º Encontro

A Eucaristia: "fonte e ápice de toda vida cristã"

Todas as vezes que nos reunimos enquanto comunidade, enquanto Igreja, para celebrar o Sacramento da Eucaristia, fazemos memória da Paixão, Morte e Ressurreição do Senhor. A Eucaristia é a fonte e ápice de toda a vida cristã, pois a Eucaristia contém todo o bem espiritual da Igreja: o próprio Cristo, nossa Páscoa. Sendo assim, todos os demais Sacramentos, bem como todos os ministérios eclesiásticos e tarefas apostólicas, se ligam à sagrada Eucaristia e a ela se ordenam. Cristo é a fonte, de onde brota a Igreja, e é o ápice, para onde todos nós caminhamos.

Leia e medite a passagem do texto bíblico de 1Cor 11, 23-27 e depois escreva o versículo bíblico que você mais gostou.

* **É hora de pensar e registrar o meu encontro**

★ O que significa comer o pão e beber do cálice indignamente, como escreve Paulo à comunidade de Corinto?

★ Por que a Eucaristia é "fonte e ápice" de toda a vida cristã?

★ Como está estruturada a celebração da Eucaristia? Quais as quatro partes que compõem o rito eucarístico?

✹ **Seus pedidos e intenções de oração da semana**

➤ Escreva os nomes das pessoas por quem você quer rezar.

➤ Anote situações e motivos que necessitam da sua oração.

ESPAÇO COMPLEMENTAR

28º Encontro

Convocados pela Trindade

Deus está sempre conosco, nunca nos abandona e sempre nos convida a estar com Ele. As celebrações litúrgicas são um momento por excelência de encontro, de diálogo, de experienciar o amor e a compaixão que Deus tem por cada um de nós. A iniciativa nunca é nossa, é sempre de Deus, Ele nos convoca a irmos ao seu encontro.

Shutterstock

Leia e medite a passagem bíblica de 2Cor 13,11-13 e depois escreva uma palavra ou frase que expresse o que significa, para ser refletida por você durante toda a semana.

★ **É hora de pensar e registrar o meu encontro**

★ A partir de que momento tem início a Celebração Eucarística para cada um de nós?
_____
_____

★ O que significa a procissão inicial e o beijo do padre no altar, na Celebração Eucarística?
_____
_____
_____
_____
_____

★ Qual o significado do ato penitencial e do hino de louvor na Missa?

★ Os "ritos iniciais" são concluídos com uma oração chamada de _____

• *Qual atitude dos fiéis no momento desta oração?*
_____
_____

123

✦ **Seus pedidos e intenções de oração da semana**

➤ Escrever, após um momento de reflexão, uma oração pedindo que Deus perdoe os seus pecados e te conduza um dia até à vida eterna, no Reino dos Céus.

_____
_____
_____
_____
_____
_____

➤ Escreva os nomes das pessoas por quem você quer rezar.

➤ Escreva as situações e motivos pelos quais você quer apresentar a Deus seu louvor e súplica.

• Louvor	• Súplica

ESPAÇO COMPLEMENTAR

29º Encontro

O diálogo entre Deus e o homem

Na Sagrada Liturgia, o próprio Deus nos reúne, através de um diálogo amoroso, nos comunica a Boa Notícia que nos orienta, nos liberta e dá vida.

Diálogo este, evidenciado na Liturgia da Palavra, quando são lidas e explicadas as Sagradas Escrituras.

Leia e medite a passagem do Evangelho de Jo 1,14-18 e depois escolha uma palavra ou frase que te chamou atenção.

✱ É hora de pensar e registrar o meu encontro

✶ O que é a Liturgia da Palavra? Quem nos fala por meio do leitor?

✶ Na Liturgia da Palavra, após ouvirmos o que Deus nos diz, a Ele respondemos de que forma? Quais ritos compreendem nossa resposta?

✶ O que é o "AMBÃO"? Para que serve?

✶ Como se chamam os livros litúrgicos que contêm os textos bíblicos proclamados durante a Santa Missa?

* Faça um desenho para explicar como se dá a comunicação entre Deus e seu povo através da Liturgia da Palavra.

✱ Seus pedidos e intenções de oração da semana

➤ Escreva os nomes das pessoas por quem você quer rezar.

➤ Anote situações e motivos que necessitam da sua oração.

ESPAÇO COMPLEMENTAR

30º Encontro

A dinâmica da prece eucarística

Na Oração Eucarística, elevamos a Deus, através do padre, nosso louvor e súplica e Deus, dos altos céus, escuta nosso clamor e nos envia o "Pão do céu", e nós aqui o recebemos e o comungamos: o Corpo e Sangue de Cristo.

Shutterstock

Leia e medite a passagem do Evangelho de Lc 22, 14-20 e depois escreva uma mensagem para ser partilhada com seus colegas e familiares.

131

✱ É hora de pensar e registrar o meu encontro

✱ Jesus, durante a "última ceia" com os discípulos, nos deixa um mandato: "Fazei isto em memória de mim!". A cada Celebração Eucarística, portanto, fazemos aquilo que Jesus mandou fazer.

• Escreva os ritos e gestos da Santa Missa, que correspondam aos atos de Jesus.

Atos de Jesus	Estrutura da liturgia eucarística
1. Tomou o pão/vinho	
2. Deu graças	
3. Partiu e deu aos seus discípulos	

✱ O que levamos até ao altar durante a preparação das oferendas?
_____
_____
_____
_____

✱ Qual o momento do verdadeiro ofertório? O que ofertamos a Deus?
_____
_____
_____
_____

✷ Faça um desenho para explicar como se dá a dinâmica da prece eucarística durante a Santa Missa.

✦ **Seus pedidos e intenções de oração da semana**

➤ Escreva os nomes das pessoas por quem você quer rezar.

➤ Escreva as situações e motivos pelos quais você quer apresentar a Deus seu louvor e súplica.

- Louvor
- Súplica

ESPAÇO COMPLEMENTAR

31º Encontro

Um só pão, um só corpo

Todos nós que fomos batizados, formamos o corpo de Cristo, a Igreja. O pão que recebemos na comunhão é o próprio Cristo, que se dá em alimento a sua Igreja. Porém, se eu não vivo a fé e dela não compartilho com os irmãos e irmãs, colocando meus dons a serviço, receber a comunhão do Corpo e Sangue de Cristo se torna algo vazio e sem sentido.

Leia e medite a passagem do texto bíblico de 1Cor 10,16.17 e depois escreva o versículo bíblico e uma mensagem que retrata o desenho.

✶ **É hora de pensar e registrar o meu encontro**

✶ Como foi a experiência de amassar um pão ázimo e descobrir como é feito o pão usado nas Celebrações Eucarísticas?

_____
_____
_____
_____
_____

✶ Qual o sentido da comunhão? Por que comungamos do Corpo e Sangue de Jesus?

✶ Como São Cirilo de Jerusalém nos orienta para o momento da comunhão? Como devemos ir para receber a Corpo de Cristo?

_____
_____
_____
_____
_____
_____

✦ Seus pedidos e intenções de oração da semana

➤ Escreva os nomes das pessoas por quem você quer rezar.

➤ Anote situações e motivos que necessitam da sua oração.

ESPAÇO COMPLEMENTAR

32º Encontro

Gestos e posturas na Celebração Eucarística

O corpo comunica, revela os nossos sentimentos, coisas que não conseguiríamos com as palavras. Sendo assim, na liturgia os nossos gestos e postura corporal revelam a importância e significado dos ritos celebrados, bem como a espiritualidade que os envolve. São inúmeros os gestos e posturas: estar de pé, sentados, de joelhos, fazer genuflexão e inclinações, elevar os braços... São expressões e manifestações de nossa fé.

Leia e medite a passagem bíblica de 1Tm 2,8-10 e depois escreva uma palavra ou frase que expresse uma atitude importante para ser vivida no seu dia a dia.

◆ É hora de pensar e registrar o meu encontro

✶ Como devem ser nossos gestos e posturas durante a Celebração Eucarística?
_____
_____
_____
_____
_____

✶ Descreva alguns gestos e o que cada um significa para você.

✶ O silencio é um dos mais importantes gestos das celebrações litúrgicas. Comente a sua importância.
_____
_____
_____
_____
_____
_____

141

⭐ Seus pedidos e intenções de oração da semana

➤ Escreva os nomes das pessoas por quem você quer rezar.

➤ Escreva as situações e motivos pelos quais você quer apresentar a Deus seu louvor e súplica.

- Louvor
- Súplica

ESPAÇO COMPLEMENTAR

CELEBRAÇÃO DA PRIMEIRA EUCARISTIA

Querido catequizando(a),

Depois de uma longa caminhada de meditação e reflexão sobre a nossa fé, você irá receber a Eucaristia pela primeira vez. Irá comungar do Corpo e Sangue de Cristo, e com a comunhão, formar um só corpo com a Igreja. Será mais um momento único e inesquecível para sua caminhada de fé.

Para que essa celebração possa acontecer, é preciso estar bem preparado(a).

É preciso que você, juntamente com seu (sua) catequista e demais catequizandos, se dediquem em organizar cada detalhe da celebração: seja convidando os familiares e amigos para participarem, seja ensaiando os cantos da missa e se aproximando do Sacramento da Penitência, se confessando e se reconciliando com Deus e os irmãos.

Registre quais a suas atividades para ANTES DA CELEBRAÇÃO.

_____
_____
_____
_____
_____
_____
_____
_____
_____
_____

DURANTE A CELEBRAÇÃO, concentre-se e preste bastante atenção em todos os momentos. Depois, registre sua experiência, sem perder de vista os seguintes aspectos:

- Como foi participar e vivenciar esse grande momento de receber o corpo e sangue de Jesus pela primeira vez?
- Qual parte da celebração você mais gostou?
- Quais as palavras ou frases que mais chamaram sua atenção?
- Quem eram as pessoas que você convidou e que estavam presente?
- O que você sentiu ao comungar?

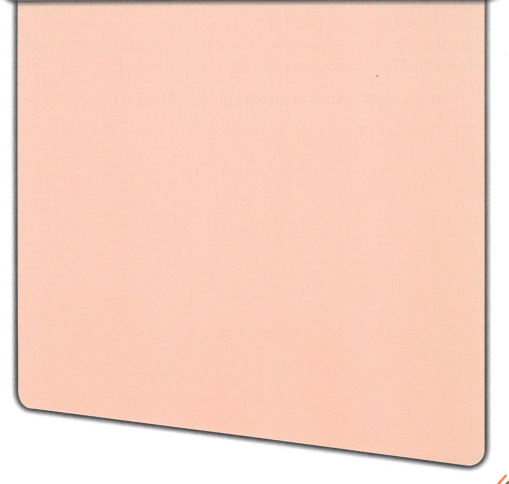

DEPOIS DA CELEBRAÇÃO, faça um momento de avaliação pessoal, descrevendo:

- Como você se preparou para este momento?
- Quais foram suas principais preocupações? Comente sobre elas destacando se tinham sentido ou se foram geradas pela sua ansiedade.
- Qual o compromisso que você assume diante de Deus e da Igreja ao concluir esta etapa?

II PARTE

Meu domingo

Nas próximas páginas, querido catequizando, você irá relatar, a partir da Liturgia da Palavra ouvida e meditada em cada celebração dominical (Missa), o que mais chamou a sua atenção e como você poderá colocar isso em prática no seu dia a dia.

Mas por que devo ir à missa todo o domingo?

O domingo, para nós cristãos, é o dia por excelência para nos encontrarmos com Deus, dia de festa onde celebramos a "Páscoa Semanal"; memória do dia em que fomos libertos da morte e recebemos a vida nova em Cristo. Dia de nos reunirmos em comunidade para partilhar a Palavra e repartir o Pão do Corpo e Sangue de Cristo.

A cada domingo, somos chamados a celebrar, viver e testemunhar o mistério da Páscoa (Paixão, Morte e Ressurreição de Jesus), atualizando-o em nossas vidas.

Organizando-se para participar da missa

Converse com a sua família e combinem um horário para todos os domingos participarem juntos da Santa Missa. Se acaso algum domingo tiverem outra atividade, organizem-se e participem em outro horário. Se forem viajar, procurem uma igreja próxima. O importante é não faltar à Missa. Deus sempre deve ser colocado em primeiro lugar em nossas vidas.

O que devo fazer após participar da missa?

Ao participar da Santa Missa, preste atenção qual domingo do Ano Litúrgico está sendo celebrado, pois você terá uma folha para cada domingo, para escrever o que foi meditado em cada celebração.

Para facilitar sua atividade, dividimos os domingos em três tempos, como sugere a organização do Ano litúrgico:

- **Primeira parte:** Ciclo do Natal
- **Segunda parte:** Ciclo da Páscoa
- **Terceira parte:** Tempo Comum

Mas o que é o Ano Litúrgico mesmo?

A Igreja, guiada pelo Espírito Santo, organizou-se, no decorrer dos séculos, para que os fiéis celebrassem e vivessem da melhor maneira sua fé no Cristo Ressuscitado. Para isso, criou seu próprio calendário, chamado de "Ano Litúrgico".

O Ano Litúrgico é composto por dois grandes ciclos, Natal e Páscoa, e por um longo período de 33 ou 34 semanas chamado de Tempo Comum.

Por que as cores se modificam nas celebrações?

As cores litúrgicas usadas nas celebrações se modificam para identificar o fato e o tempo do Ano litúrgico que estamos vivendo.

Vamos ler sobre cada uma para compreender o que elas representam.

ROXO: Cor da penitência. É uma cor forte, que nos leva a refletir, a pensar sobre as mudanças de vida que desejamos fazer. É usada no Tempo do Advento e da Quaresma, e ainda pode ser usada nos Ofícios e Missas dos fiéis defuntos.

BRANCO: Sinal de festa, pureza, alegria. Expressa sempre a cor da vitória da Luz sobre as trevas, da Vida sobre a morte, além de se referir à cor da roupa dos batizados que lavaram e alvejaram suas roupas em Cristo (Ap 7,13-14). É a cor usada no Tempo do Natal e no Tempo Pascal, nas festas do Senhor, de Nossa Senhora, dos anjos e dos santos não mártires. Em dias mais solenes podem ser usadas cores similares ao branco: cinza, pastel, bege, palha, prata, dourado.

VERDE: Cor da esperança, natureza, referência à esperança da segunda vinda de Jesus. É usada em todo o Tempo Comum, tempo de espera, sem grandes acontecimentos.

VERMELHO: Aparece sempre relacionado ao fogo do Espírito Santo e ao sangue dos mártires. Usado no Domingo de Ramos e na sexta-feira da Semana Santa, em Pentecostes e nas festas dos apóstolos e dos santos mártires.

ROSA: Prenúncio da alegria, simboliza que a festa se aproxima. Pode ser usado no 3º Domingo do Advento e no 4º Domingo da Quaresma.

Ano Litúrgico

Observe a ilustração do Calendário Litúrgico, e escreva o significado e importância do Ano Litúrgico para cada um de nós e para toda a Igreja.

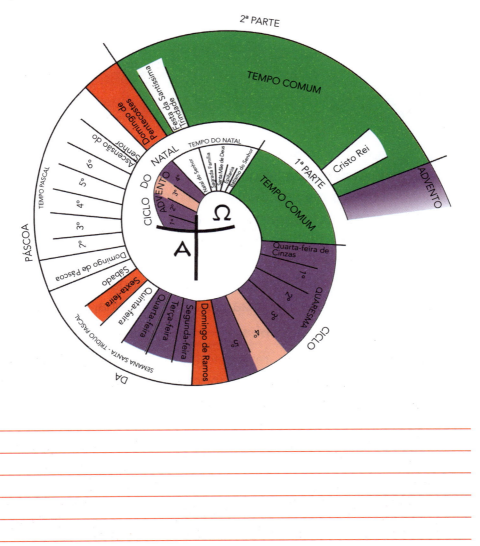

A cada ciclo e a cada domingo vamos meditar sobre a vida de Jesus e seus ensinamentos. Deixemos Cristo transformar a nossa vida. Uma boa celebração a todos!

Primeira parte – CICLO DO NATAL

O Ano Litúrgico da Igreja não coincide com o ano civil. Ele tem início com o **Advento**, período de alegre espera, de esperança, de preparação para a chegada de Cristo, que vem no **Natal**, e também de seu retorno, sua segunda vinda. Após as quatro semanas do Advento celebramos o mistério da encarnação e do nascimento de Jesus no Natal. O Verbo se faz carne e vem habitar entre nós.

No domingo depois do Natal celebramos a festa da Sagrada Família, a Solenidade de Maria Mãe de Deus em 1º de Janeiro e, no domingo seguinte, a **Epifania**, onde Jesus se manifesta às nações como o Filho de Deus.

O ciclo do Natal se encerra com a celebração do Batismo do Senhor, que marca o início da missão de Jesus, que culminará com a Páscoa.

LITURGIA DA PALAVRA

MEU DOMINGO — 1º Domingo do Advento

Data: ___/___/_____

1ª Leitura:

Cor litúrgica usada ◯

Qual foi a resposta do salmo:

2ª Leitura:

Evangelho:

Descreva nas linhas uma mensagem que você tirou da Liturgia da Palavra e de toda celebração:

_____
_____
_____
_____
_____

MEU DOMINGO — 2º Domingo do Advento

Data: ___/___/_____

1ª Leitura:

Cor litúrgica usada ◯

Qual foi a resposta do salmo:

2ª Leitura:

Evangelho:

Descreva nas linhas uma mensagem que você tirou da Liturgia da Palavra e de toda celebração:

_____
_____
_____
_____
_____

LITURGIA DA PALAVRA

MEU DOMINGO
3º Domingo do Advento

Data: ___/___/_____

1ª Leitura:

Cor litúrgica usada ◯

Qual foi a resposta do salmo:

2ª Leitura:

Evangelho:

Descreva nas linhas uma mensagem que você tirou da Liturgia da Palavra e de toda celebração:

_____
_____
_____
_____

MEU DOMINGO
4º domingo do Advento

Data: ___/___/_____

1ª Leitura:

Cor litúrgica usada ◯

Qual foi a resposta do salmo:

2ª Leitura:

Evangelho:

Descreva nas linhas uma mensagem que você tirou da Liturgia da Palavra e de toda celebração:

_____
_____
_____
_____

LITURGIA DA PALAVRA

MEU DOMINGO
Celebração do Natal

Data: ___/___/_____

1ª Leitura:

Cor litúrgica usada ○

Qual foi a resposta do salmo:

2ª Leitura:

Evangelho:

Descreva nas linhas uma mensagem que você tirou da Liturgia da Palavra e de toda celebração:

_____
_____
_____
_____
_____

MEU DOMINGO
Festa da Sagrada Família de Jesus, Maria e José

Data: ___/___/_____

1ª Leitura:

Cor litúrgica usada ○

Qual foi a resposta do salmo:

2ª Leitura:

Evangelho:

Descreva nas linhas uma mensagem que você tirou da Liturgia da Palavra e de toda celebração:

_____
_____
_____
_____
_____

LITURGIA DA PALAVRA

1º DE JANEIRO
Solenidade da Santa Mãe de Deus

Data: ____/____/_____

1ª Leitura:

Cor litúrgica usada

Qual foi a resposta do salmo:

2ª Leitura:

Evangelho:

Descreva nas linhas uma mensagem que você tirou da Liturgia da Palavra e de toda celebração:

_____
_____
_____
_____

MEU DOMINGO
Solenidade da Epifania do Senhor

Data: ____/____/_____

1ª Leitura:

Cor litúrgica usada

Qual foi a resposta do salmo:

2ª Leitura:

Evangelho:

Descreva nas linhas uma mensagem que você tirou da Liturgia da Palavra e de toda celebração:

_____
_____
_____
_____

LITURGIA DA PALAVRA

MEU DOMINGO
Festa do Batismo do Senhor

Data: ___/___/_____

1ª Leitura:

Cor litúrgica usada ○

Qual foi a resposta do salmo:

2ª Leitura:

Evangelho:

Descreva nas linhas uma mensagem que você tirou da Liturgia da Palavra e de toda celebração:

_____
_____
_____
_____
_____

Segunda parte – CICLO DA PÁSCOA

O ciclo da Páscoa começa com a celebração da **Quarta-Feira de Cinzas**. Iniciamos assim a **Quaresma**. São 40 dias nos quais a Igreja nos convida de maneira especial à prática da caridade, penitência, oração, jejum e, principalmente, conversão. Durante a Quaresma não se canta "aleluias", nem o hino de louvor, e evita-se ornamentar as igrejas com flores. A Conferência Nacional dos Bispos do Brasil (CNBB) propõe a cada ano, durante este período, uma vivência concreta de gestos de fraternidade em torno de um tema comum. É a chamada Campanha da Fraternidade. Assim, a Quaresma se reveste de um significado atual dentro de um convite à reflexão e à prática do amor fraterno.

Ao final da Quaresma, inicia-se a **Semana Santa**, que vai desde o **Domingo de Ramos**, onde celebramos a entrada triunfal de Jesus em Jerusalém, anunciando a proximidade da Páscoa, até o **Domingo de Páscoa**.

De quinta-feira a sábado celebramos o **Tríduo Pascal**. A liturgia nos propõe que na quinta-feira pela manhã se celebre a Missa dos Santos Óleos, onde nossos presbíteros (padres), unidos ao bispo, fazem a renovação do seu compromisso assumido no dia de sua ordenação; também são abençoados os óleos dos enfermos e dos catecúmenos, e consagrado o óleo do santo crisma (em algumas dioceses essa celebração, por questão pastoral, é realizada na quarta-feira à noite). A Quinta-Feira Santa é o dia em que recordamos a instituição da Eucaristia. A Sexta-Feira Santa é o único dia do ano em que não se celebra os Sacramentos, mas sim a Paixão e Morte de Jesus. No Sábado Santo é o dia da **Vigília Pascal**, a vigília mais importante, na qual celebramos a Ressurreição do Senhor.

Cinquenta dias após a Páscoa, celebramos o **Pentecostes**, que assinala o início da missão da Igreja iluminada pela presença vivificadora do Espírito Santo. No domingo anterior ao domingo de Pentecostes, a Liturgia celebra a festa da Santíssima Trindade.

LITURGIA DA PALAVRA

QUARTA-FEIRA DE CINZAS

Data: ___/___/_____

1ª Leitura:

Cor litúrgica usada ⃝

Qual foi a resposta do salmo:

2ª Leitura:

Evangelho:

Descreva nas linhas uma mensagem que você tirou da Liturgia da Palavra e de toda celebração:

_____
_____
_____
_____
_____

MEU DOMINGO
1º Domingo da Quaresma

Data: ___/___/_____

1ª Leitura:

Cor litúrgica usada ⃝

Qual foi a resposta do salmo:

2ª Leitura:

Evangelho:

Descreva nas linhas uma mensagem que você tirou da Liturgia da Palavra e de toda celebração:

_____
_____
_____
_____
_____

LITURGIA DA PALAVRA

MEU DOMINGO
2º Domingo da Quaresma

Data: ____/____/_____

1ª Leitura:

Cor litúrgica usada ◯

Qual foi a resposta do salmo:

2ª Leitura:

Evangelho:

Descreva nas linhas uma mensagem que você tirou da Liturgia da Palavra e de toda celebração:

_____
_____
_____
_____
_____

MEU DOMINGO
3º Domingo da Quaresma

Data: ____/____/_____

1ª Leitura:

Cor litúrgica usada ◯

Qual foi a resposta do salmo:

2ª Leitura:

Evangelho:

Descreva nas linhas uma mensagem que você tirou da Liturgia da Palavra e de toda celebração:

_____
_____
_____
_____
_____

LITURGIA DA PALAVRA

MEU DOMINGO
4º Domingo da Quaresma

Data: ___/___/___

1ª Leitura:

Cor litúrgica usada ◯

Qual foi a resposta do salmo:

2ª Leitura:

Evangelho:

Descreva nas linhas uma mensagem que você tirou da Liturgia da Palavra e de toda celebração:

_____
_____
_____
_____
_____

MEU DOMINGO
5º Domingo da Quaresma

Data: ___/___/___

1ª Leitura:

Cor litúrgica usada ◯

Qual foi a resposta do salmo:

2ª Leitura:

Evangelho:

Descreva nas linhas uma mensagem que você tirou da Liturgia da Palavra e de toda celebração:

_____
_____
_____
_____
_____

LITURGIA DA PALAVRA

MEU DOMINGO
Domingo de Ramos da Paixão do Senhor

Data: ____/____/____

1ª Leitura:

Cor litúrgica usada ◯

Qual foi a resposta do salmo:

2ª Leitura:

Evangelho:

Descreva nas linhas uma mensagem que você tirou da Liturgia da Palavra e de toda celebração:

_____
_____
_____
_____

QUINTA-FEIRA SANTA
Missa da Ceia do Senhor

Data: ____/____/____

1ª Leitura:

Cor litúrgica usada ◯

Qual foi a resposta do salmo:

2ª Leitura:

Evangelho:

Descreva nas linhas uma mensagem que você tirou da Liturgia da Palavra e de toda celebração:

_____
_____
_____
_____

LITURGIA DA PALAVRA

SEXTA-FEIRA DA PAIXÃO DO SENHOR

Data: ___/___/___

1ª Leitura:

Cor litúrgica usada ◯

Qual foi a resposta do salmo:

2ª Leitura:

Evangelho:

Descreva nas linhas uma mensagem que você tirou da Liturgia da Palavra e de toda celebração:

_____
_____
_____
_____
_____

SÁBADO SANTO VIGÍLIA PASCAL

Data: ___/___/___

1ª Leitura:

Cor litúrgica usada ◯

Qual foi a resposta do salmo:

2ª Leitura:

Evangelho:

Descreva nas linhas uma mensagem que você tirou da Liturgia da Palavra e de toda celebração:

_____
_____
_____
_____
_____

LITURGIA DA PALAVRA

MEU DOMINGO
Domingo da Páscoa

Data: ___/___/_____

1ª Leitura:

Cor litúrgica usada

Qual foi a resposta do salmo:

2ª Leitura:

Evangelho:

Descreva nas linhas uma mensagem que você tirou da Liturgia da Palavra e de toda celebração:

_____
_____
_____
_____

MEU DOMINGO
2º Domingo da Páscoa

Data: ___/___/_____

1ª Leitura:

Cor litúrgica usada

Qual foi a resposta do salmo:

2ª Leitura:

Evangelho:

Descreva nas linhas uma mensagem que você tirou da Liturgia da Palavra e de toda celebração:

_____
_____
_____
_____

LITURGIA DA PALAVRA

MEU DOMINGO
3º Domingo da Páscoa

Data: ___/___/_____

1ª Leitura:

Cor litúrgica usada ◯

Qual foi a resposta do salmo:

2ª Leitura:

Evangelho:

Descreva nas linhas uma mensagem que você tirou da Liturgia da Palavra e de toda celebração:
_____
_____
_____
_____

MEU DOMINGO
4º Domingo da Páscoa

Data: ___/___/_____

1ª Leitura:

Cor litúrgica usada ◯

Qual foi a resposta do salmo:

2ª Leitura:

Evangelho:

Descreva nas linhas uma mensagem que você tirou da Liturgia da Palavra e de toda celebração:
_____
_____
_____
_____

LITURGIA DA PALAVRA

MEU DOMINGO
5º Domingo da Páscoa

Data: ____/____/_____

1ª Leitura:

Cor litúrgica usada ◯

Qual foi a resposta do salmo:

2ª Leitura:

Evangelho:

Descreva nas linhas uma mensagem que você tirou da Liturgia da Palavra e de toda celebração:

_____
_____
_____
_____
_____

MEU DOMINGO
6º Domingo da Páscoa

Data: ____/____/_____

1ª Leitura:

Cor litúrgica usada ◯

Qual foi a resposta do salmo:

2ª Leitura:

Evangelho:

Descreva nas linhas uma mensagem que você tirou da Liturgia da Palavra e de toda celebração:

_____
_____
_____
_____
_____

LITURGIA DA PALAVRA

MEU DOMINGO
Solenidade da Ascensão do Senhor

Data: ___/___/___

1ª Leitura:

Cor litúrgica usada ⚪

Qual foi a resposta do salmo:

2ª Leitura:

Evangelho:

Descreva nas linhas uma mensagem que você tirou da Liturgia da Palavra e de toda celebração:

_____
_____
_____
_____

MEU DOMINGO
Solenidade de Pentecostes

Data: ___/___/___

1ª Leitura:

Cor litúrgica usada ⚪

Qual foi a resposta do salmo:

2ª Leitura:

Evangelho:

Descreva nas linhas uma mensagem que você tirou da Liturgia da Palavra e de toda celebração:

_____
_____
_____
_____
_____

Terceira parte – TEMPO COMUM

Após celebrarmos o Batismo do Senhor iniciamos o chamado **Tempo Comum**, que é constituído por 33 ou 34 semanas. O Tempo Comum se inicia na segunda-feira e se estende até a terça-feira anterior à Quarta-feira de Cinzas, onde é interrompido e dá lugar ao ciclo da Páscoa e retomado na segunda-feira após o Domingo de Pentecostes, que se estende até o sábado anterior ao 1º domingo do Advento.

É um tempo destinado ao acolhimento da Boa-nova do Reino de Deus anunciado por Jesus.

Alguns domingos do Tempo Comum poderão ceder lugar a algumas solenidades como, por exemplo, o 1º domingo do Tempo Comum, que cede lugar à Festa do Batismo do Senhor, bem como outros domingos do Tempo Comum que dão lugar a Pentecostes, a Solenidade da Santíssima Trindade, a Solenidade de São Pedro e São Paulo, a Solenidade da Assunção de Nossa Senhora, a Solenidade de Todos os Santos e a Solenidade de Nosso Senhor Jesus Cristo Rei do Universo. Quando isso ocorre, a cor litúrgica do Tempo Comum também é modificada para identificar o fato/o momento/o acontecimento que está sendo celebrado.

LITURGIA DA PALAVRA

MEU DOMINGO
2º Domingo do Tempo Comum

Data: ___/___/_____

1ª Leitura:

Cor litúrgica usada ○

Qual foi a resposta do salmo:

2ª Leitura:

Evangelho:

Descreva nas linhas uma mensagem que você tirou da Liturgia da Palavra e de toda celebração:

_____
_____
_____
_____

MEU DOMINGO
3º Domingo do Tempo Comum

Data: ___/___/_____

1ª Leitura:

Cor litúrgica usada ○

Qual foi a resposta do salmo:

2ª Leitura:

Evangelho:

Descreva nas linhas uma mensagem que você tirou da Liturgia da Palavra e de toda celebração:

_____
_____
_____
_____

LITURGIA DA PALAVRA

MEU DOMINGO
4º Domingo do Tempo Comum

Data: ___/___/_____

1ª Leitura:

Cor litúrgica usada ○

Qual foi a resposta do salmo:

2ª Leitura:

Evangelho:

Descreva nas linhas uma mensagem que você tirou da Liturgia da Palavra e de toda celebração:

_____
_____
_____
_____
_____

MEU DOMINGO
5º Domingo do Tempo Comum

Data: ___/___/_____

1ª Leitura:

Cor litúrgica usada ○

Qual foi a resposta do salmo:

2ª Leitura:

Evangelho:

Descreva nas linhas uma mensagem que você tirou da Liturgia da Palavra e de toda celebração:

_____
_____
_____
_____
_____

LITURGIA DA PALAVRA

MEU DOMINGO
6º Domingo do Tempo Comum

Data: ___/___/_____

1ª Leitura:

Cor litúrgica usada ⚪

Qual foi a resposta do salmo:

2ª Leitura:

Evangelho:

Descreva nas linhas uma mensagem que você tirou da Liturgia da Palavra e de toda celebração:

_____
_____
_____
_____

MEU DOMINGO
7º Domingo do Tempo Comum

Data: ___/___/_____

1ª Leitura:

Cor litúrgica usada ⚪

Qual foi a resposta do salmo:

2ª Leitura:

Evangelho:

Descreva nas linhas uma mensagem que você tirou da Liturgia da Palavra e de toda celebração:

_____
_____
_____
_____

LITURGIA DA PALAVRA

MEU DOMINGO
8º Domingo do Tempo Comum

Data: ____/____/_____

1ª Leitura:

Cor litúrgica usada ○

Qual foi a resposta do salmo:

2ª Leitura:

Evangelho:

Descreva nas linhas uma mensagem que você tirou da Liturgia da Palavra e de toda celebração:

_____
_____
_____
_____

MEU DOMINGO
9º Domingo do Tempo Comum

Data: ____/____/_____

1ª Leitura:

Cor litúrgica usada ○

Qual foi a resposta do salmo:

2ª Leitura:

Evangelho:

Descreva nas linhas uma mensagem que você tirou da Liturgia da Palavra e de toda celebração:

_____
_____
_____
_____

LITURGIA DA PALAVRA

MEU DOMINGO
10º Domingo do Tempo Comum

Data: ___/___/_____

1ª Leitura:

Cor litúrgica usada ◯

Qual foi a resposta do salmo:

2ª Leitura:

Evangelho:

Descreva nas linhas uma mensagem que você tirou da Liturgia da Palavra e de toda celebração:

_____
_____
_____
_____
_____

MEU DOMINGO
11º Domingo do Tempo Comum

Data: ___/___/_____

1ª Leitura:

Cor litúrgica usada ◯

Qual foi a resposta do salmo:

2ª Leitura:

Evangelho:

Descreva nas linhas uma mensagem que você tirou da Liturgia da Palavra e de toda celebração:

_____
_____
_____
_____
_____

LITURGIA DA PALAVRA

MEU DOMINGO
12º Domingo do Tempo Comum

Data: ___/___/_____

1ª Leitura:

Cor litúrgica usada ○

Qual foi a resposta do salmo:

2ª Leitura:

Evangelho:

Descreva nas linhas uma mensagem que você tirou da Liturgia da Palavra e de toda celebração:
_____
_____
_____
_____

MEU DOMINGO
13º Domingo do Tempo Comum

Data: ___/___/_____

1ª Leitura:

Cor litúrgica usada ○

Qual foi a resposta do salmo:

2ª Leitura:

Evangelho:

Descreva nas linhas uma mensagem que você tirou da Liturgia da Palavra e de toda celebração:
_____
_____
_____
_____

LITURGIA DA PALAVRA

MEU DOMINGO
14º Domingo do Tempo Comum

Data: ____/____/_____

1ª Leitura:

Cor litúrgica usada ○

Qual foi a resposta do salmo:

2ª Leitura:

Evangelho:

Descreva nas linhas uma mensagem que você tirou da Liturgia da Palavra e de toda celebração:

_____
_____
_____
_____
_____

MEU DOMINGO
15º Domingo do Tempo Comum

Data: ____/____/_____

1ª Leitura:

Cor litúrgica usada ○

Qual foi a resposta do salmo:

2ª Leitura:

Evangelho:

Descreva nas linhas uma mensagem que você tirou da Liturgia da Palavra e de toda celebração:

_____
_____
_____
_____
_____

LITURGIA DA PALAVRA

MEU DOMINGO
16º Domingo do Tempo Comum

Data: ___/___/_____

1ª Leitura:

Cor litúrgica usada ◯

Qual foi a resposta do salmo:

2ª Leitura:

Evangelho:

Descreva nas linhas uma mensagem que você tirou da Liturgia da Palavra e de toda celebração:

_____
_____
_____
_____

MEU DOMINGO
17º Domingo do Tempo Comum

Data: ___/___/_____

1ª Leitura:

Cor litúrgica usada ◯

Qual foi a resposta do salmo:

2ª Leitura:

Evangelho:

Descreva nas linhas uma mensagem que você tirou da Liturgia da Palavra e de toda celebração:

_____
_____
_____
_____

LITURGIA DA PALAVRA

MEU DOMINGO
18º Domingo do Tempo Comum

Data: ___/___/_____

1ª Leitura:

Cor litúrgica usada ◯

Qual foi a resposta do salmo:

2ª Leitura:

Evangelho:

Descreva nas linhas uma mensagem que você tirou da Liturgia da Palavra e de toda celebração:

_____
_____
_____
_____
_____

MEU DOMINGO
19º Domingo do Tempo Comum

Data: ___/___/_____

1ª Leitura:

Cor litúrgica usada ◯

Qual foi a resposta do salmo:

2ª Leitura:

Evangelho:

Descreva nas linhas uma mensagem que você tirou da Liturgia da Palavra e de toda celebração:

_____
_____
_____
_____
_____

LITURGIA DA PALAVRA

MEU DOMINGO
20º Domingo do Tempo Comum

Data: ___/___/_____

1ª Leitura:

Cor litúrgica usada ○

Qual foi a resposta do salmo:

2ª Leitura:

Evangelho:

Descreva nas linhas uma mensagem que você tirou da Liturgia da Palavra e de toda celebração:

_____
_____
_____
_____

MEU DOMINGO
21º Domingo do Tempo Comum

Data: ___/___/_____

1ª Leitura:

Cor litúrgica usada ○

Qual foi a resposta do salmo:

2ª Leitura:

Evangelho:

Descreva nas linhas uma mensagem que você tirou da Liturgia da Palavra e de toda celebração:

_____
_____
_____
_____

LITURGIA DA PALAVRA

MEU DOMINGO
22º Domingo do Tempo Comum

Data: ____/____/____

1ª Leitura:

Cor litúrgica usada ○

Qual foi a resposta do salmo:

2ª Leitura:

Evangelho:

Descreva nas linhas uma mensagem que você tirou da Liturgia da Palavra e de toda celebração:

_____
_____
_____
_____
_____

MEU DOMINGO
23º Domingo do Tempo Comum

Data: ____/____/____

1ª Leitura:

Cor litúrgica usada ○

Qual foi a resposta do salmo:

2ª Leitura:

Evangelho:

Descreva nas linhas uma mensagem que você tirou da Liturgia da Palavra e de toda celebração:

_____
_____
_____
_____
_____

LITURGIA DA PALAVRA

MEU DOMINGO
24º Domingo do Tempo Comum

Data: ___/___/_____

1ª Leitura:

Cor litúrgica usada ◯

Qual foi a resposta do salmo:

2ª Leitura:

Evangelho:

Descreva nas linhas uma mensagem que você tirou da Liturgia da Palavra e de toda celebração:

___
___
___
___

MEU DOMINGO
25º Domingo do Tempo Comum

Data: ___/___/_____

1ª Leitura:

Cor litúrgica usada ◯

Qual foi a resposta do salmo:

2ª Leitura:

Evangelho:

Descreva nas linhas uma mensagem que você tirou da Liturgia da Palavra e de toda celebração:

___
___
___
___

LITURGIA DA PALAVRA

MEU DOMINGO
26º Domingo do Tempo Comum

Data: ___/___/_____

1ª Leitura:

Cor litúrgica usada ○

Qual foi a resposta do salmo:

2ª Leitura:

Evangelho:

Descreva nas linhas uma mensagem que você tirou da Liturgia da Palavra e de toda celebração:

_____
_____
_____
_____
_____

MEU DOMINGO
27º Domingo do Tempo Comum

Data: ___/___/_____

1ª Leitura:

Cor litúrgica usada ○

Qual foi a resposta do salmo:

2ª Leitura:

Evangelho:

Descreva nas linhas uma mensagem que você tirou da Liturgia da Palavra e de toda celebração:

_____
_____
_____
_____
_____

LITURGIA DA PALAVRA

MEU DOMINGO
28º Domingo do Tempo Comum

Data: ____/____/_____

1ª Leitura:

Cor litúrgica usada ◯

Qual foi a resposta do salmo:

2ª Leitura:

Evangelho:

Descreva nas linhas uma mensagem que você tirou da Liturgia da Palavra e de toda celebração:
_____
_____
_____
_____
_____

MEU DOMINGO
29º Domingo do Tempo Comum

Data: ____/____/_____

1ª Leitura:

Cor litúrgica usada ◯

Qual foi a resposta do salmo:

2ª Leitura:

Evangelho:

Descreva nas linhas uma mensagem que você tirou da Liturgia da Palavra e de toda celebração:
_____
_____
_____
_____
_____

LITURGIA DA PALAVRA

MEU DOMINGO
30º Domingo do Tempo Comum

Data: ___/___/_____

1ª Leitura:

Cor litúrgica usada ◯

Qual foi a resposta do salmo:

2ª Leitura:

Evangelho:

Descreva nas linhas uma mensagem que você tirou da Liturgia da Palavra e de toda celebração:

_____
_____
_____
_____
_____

MEU DOMINGO
31º Domingo do Tempo Comum

Data: ___/___/_____

1ª Leitura:

Cor litúrgica usada ◯

Qual foi a resposta do salmo:

2ª Leitura:

Evangelho:

Descreva nas linhas uma mensagem que você tirou da Liturgia da Palavra e de toda celebração:

_____
_____
_____
_____
_____

LITURGIA DA PALAVRA

MEU DOMINGO
32º Domingo do Tempo Comum

Data: ____/____/____

1ª Leitura:

Cor litúrgica usada ○

Qual foi a resposta do salmo:

2ª Leitura:

Evangelho:

Descreva nas linhas uma mensagem que você tirou da Liturgia da Palavra e de toda celebração:

_____
_____
_____
_____

MEU DOMINGO
33º Domingo do Tempo Comum

Data: ____/____/____

1ª Leitura:

Cor litúrgica usada ○

Qual foi a resposta do salmo:

2ª Leitura:

Evangelho:

Descreva nas linhas uma mensagem que você tirou da Liturgia da Palavra e de toda celebração:

_____
_____
_____
_____

LITURGIA DA PALAVRA

MEU DOMINGO
34º Domingo do Tempo Comum
Solenidade de Nosso Senhor
Jesus Cristo Rei do Universo

Data: ____/____/____

1ª Leitura:

Cor litúrgica usada

Qual foi a resposta do salmo:

2ª Leitura:

Evangelho:

Descreva nas linhas uma mensagem que você tirou da Liturgia da Palavra e de toda celebração:

_____
_____
_____
_____
_____

SOLENIDADE DO SANTÍSSIMO SACRAMENTO DO CORPO E SANGUE DE CRISTO (Corpus Christi)

Data: ____/____/____

1ª Leitura:

Cor litúrgica usada

Qual foi a resposta do salmo:

2ª Leitura:

Evangelho:

Descreva nas linhas uma mensagem que você tirou da Liturgia da Palavra e de toda celebração:

_____
_____
_____
_____
_____

ESPAÇO COMPLEMENTAR

Algumas orações cristãs

ORAÇÃO DO PAI-NOSSO

Pai nosso que estais nos céus, santificado seja o vosso Nome, venha a nós o vosso reino, seja feita a vossa vontade, assim na terra como no Céu. O pão nosso de cada dia nos dai hoje; perdoai-nos as nossas ofensas, assim como nós perdoamos a quem nos tem ofendido, e não nos deixeis cair em tentação, mas livrai-nos do mal. (Pois teu é o reino, o poder e a glória para sempre.) Amém.

INVOCAÇÃO AO ESPÍRITO SANTO

Vinde, Espírito Santo,
enchei os corações dos vossos fiéis
e acendei neles o fogo do vosso amor.
Enviai o vosso Espírito, e tudo será criado, e renovareis a face da terra.

Oremos:
Ó Deus,
que instruístes os corações dos vossos fiéis
com a luz do Espírito Santo,
fazei que apreciemos retamente todas as coisas
segundo este mesmo Espírito
e gozemos sempre da sua consolação.
Por Cristo, Senhor nosso. Amém

AVE-MARIA

Ave Maria, cheia de graça (Lc 1,28a),
o Senhor é convosco (Lc 1,28b).
Bendita sois vós entre as mulheres (Lc 1,42a).
e bendito é o fruto do vosso ventre, Jesus! (Lc 1,42b).
Santa Maria, Mãe de Deus,
rogai por nós, pecadores, agora e na hora de nossa morte. Amém!

ORAÇÃO DO *ANGELUS*

L 1: O anjo do Senhor anunciou a Maria,
L 2: e ela concebeu do Espírito Santo.
Todos: Ave Maria, cheia de graça...
L 1: Eis aqui a serva do Senhor,
L 2: faça-se em mim segundo sua palavra.
Todos: Ave Maria, cheia de graça...
L 1: E o Verbo se fez carne
L 2: e habitou entre nós.
Todos: Ave Maria, cheia de graça...
Oremos: Infundi, Senhor, a vossa graça em nossas almas para que, conhecendo pela anunciação do anjo a encarnação de vosso Filho Jesus Cristo, cheguemos, por sua paixão e cruz, à glória da ressurreição.
Por Nosso Senhor Jesus Cristo, vosso Filho, que é Deus convosco, na unidade do Espírito Santo. Amém.

SALVE-RAINHA

Salve, Rainha, Mãe de misericórdia, vida, doçura e esperança nossa, salve! A vós bradamos os degredados filhos de Eva. A vós suspiramos, gemendo e chorando neste vale de lágrimas. Eia, pois, advogada nossa, esses vossos olhos misericordiosos a nós volvei, e depois deste desterro, mostrai-nos Jesus, bendito fruto do vosso ventre, ó clemente, ó piedosa, ó doce e sempre Virgem Maria.

– Rogai por nós, Santa Mãe de Deus!
– Para que sejamos dignos das promessas de Cristo. Amém!

ORAÇÃO AO ANJO DA GUARDA

Santo Anjo do Senhor, meu zeloso guardador, se a ti me confiou a piedade divina, sempre me rege, guarda, governa e ilumina. Amém!

ORAÇÃO PELAS VOCAÇÕES

Jesus, divino Pastor da Santa Igreja, ouvi nossa prece sacerdotal.

Concedei para muitos meninos e jovens, de coração inocente e generoso, a graça do sacerdócio e a perseverança em sua vocação.

Fazei-nos compreender a grande honra e felicidade de termos um padre em nossa família.

Dai-nos a todos sinceros desejos de auxiliar as vocações sacerdotais e religiosas.

Infundi nos formadores do nosso clero, os dons de piedade e ciência para o reto desempenho de sua missão de tanta responsabilidade.

Por intercessão da Virgem Santíssima, santificai e protegei sempre os nossos padres, para que se dediquem com amor e zelo à glória de Deus e à salvação dos homens. Amém.

ESPAÇO COMPLEMENTAR

ESPAÇO COMPLEMENTAR

Conecte-se conosco:

f facebook.com/editoravozes

◯ @editoravozes

X @editora_vozes

▶ youtube.com/editoravozes

◯ +55 24 2233-9033

www.vozes.com.br

Conheça nossas lojas:
www.livrariavozes.com.br

Belo Horizonte – Brasília – Campinas – Cuiabá – Curitiba
Fortaleza – Juiz de Fora – Petrópolis – Recife – São Paulo

Vozes de Bolso

EDITORA VOZES LTDA.
Rua Frei Luís, 100 – Centro – Cep 25689-900 – Petrópolis, RJ
Tel.: (24) 2233-9000 – E-mail: vendas@vozes.com.br